AS SETE ENCRUZILHADAS DA CIDADE

LUIZ ANTONIO SIMAS

AS SETE ENCRUZILHADAS DA CIDADE

mórula
EDITORIAL

REVISÃO
Marilia Pereira

ILUSTRAÇÕES
Bea Machado

PROJETO GRÁFICO
Patrícia Oliveira

CIP-BRASIL. CATALOGAÇÃO NA PUBLICAÇÃO
SINDICATO NACIONAL DOS EDITORES DE LIVROS, RJ
Elaborado por Meri Gleice Rodrigues – CRB 7/6439

S598s

Simas, Luiz Antonio
As sete encruzilhadas da cidade / Luiz Antonio Simas; ilustração Bea Machado. – 1. ed. – Rio de Janeiro: Mórula, 2025.
108 p. ; 19cm.

Inclui bibliografia
ISBN: 978-65-6128-118-8

1. Crônicas brasileiras. I. Machado, Bea. II. Título.

25-98063.1 CDD: B869.8
CDU: 82-94(81)

Rua Teotônio Regadas 26 sala 103
20021_360 _ Lapa _ Rio de Janeiro _ RJ
www.morula.com.br _ contato@morula.com.br
morulaeditorial morula_editorial

ESSE É O SOM
DA MINHA TERRA
SOM DE ANDAIME
DESPENCANDO
DE ENCOSTAS
DESMORONANDO
DE RIOS VIOLENTANDO
AS MARGENS
DO MEU LIMITE
SAMBA, SAMBA, SAMBA
PULSAS EM TUDO
QUE EXISTE
VAZAS SE MEU
SANGUE ESCORRE
NASCES DE TUDO
QUE MORRE

Cravo e Ferradura

**CLARISSE GROVA,
CRISTÓVÃO BASTOS
E ALDIR BLANC**

Este livro é dedicado
à memória de Aldir Blanc.

AS SETE ENCRUZILHADAS

ENCRUZILHADAS ESTÃO PRESENTES em diversas culturas. Era no cruzamento dos caminhos que os antigos gregos faziam oferendas a Hécate, deusa dos partos, do fogo, da lua, das estradas e sortilégios de magias. Foi numa encruzilhada que o profeta Ezequiel viu o rei da Babilônia consultar a sorte e conhecer o seu destino. Para os congos, o grande mensageiro, Aluvaiá, recebia nas encruzilhadas as suas oferendas. Contam que numa *crossroad* do Mississipi, Robert Johnson fez um pacto com o diabo em troca do segredo do delta blues. Os astecas evitavam encruzilhadas, por achar que eram locais assombrados pelos espíritos de mulheres mortas durante o parto. Foi numa encruzilhada que Édipo matou Laio, o pai, encontrando o destino profetizado pelo oráculo e determinando os rumos desgraçados de sua vida a partir dali. Em Cuba, no Haiti e no Brasil, as encruzilhadas são lugares de encontros e moradas das entidades africanas das ruas: Eleguá, Legbá e Exu. As sete encruzilhadas são definidas na metafisica das macumbas como condensações de todos os encontros e caminhos possíveis desse mundo e de todos os outros.

As encruzilhadas entram no conjunto de textos que formam este breve livro como lugares em que se manifestam assombros capazes de reconstruir, a partir da disponibilidade para o encontro com tudo que pode nos alterar, a vida. E a cidade das sete encruzilhadas — de caminhos cruzados, encontros, trombadas, despachos arriados, desconfortos, muitos enigmas, algumas respostas, aproximações tensas e intensas, afagos e porradas, flor e faca — é o Rio de Janeiro.

Mas de que Rio de Janeiro estamos falando? A cidade, do ponto de vista consagrado por versões oficiais da história, foi fundada em 1565 por Estácio de Sá, sobrinho do Governador-Geral do Brasil, Mem de Sá, com o argumento de defesa portuguesa do território ameaçado pelas ambições atlânticas da França, em meio a escaramuças entre indígenas tamoios e temiminós. Dez anos antes da propalada fundação, liderados por Nicolas Durand de Villegagnon, os franceses estabeleceram na Baía da Guanabara, mais precisamente na Ilha de Serigipe, atual ilha de Villegagnon, a colônia da França Antártica. Já os indígenas estavam aqui desde tempos imemoriais.

No final do século XIX, a elite dessa mesma cidade oficialmente fundada para expulsar franceses fez de tudo para virar francesa, com o objetivo de negar que tinha se transformado em uma cidade profundamente africana. A abolição da escravidão, a Proclamação da República, as reformas urbanas higienistas de Barata Ribeiro e Pereira Passos, a difusão do eugenismo em academias de ciência, fizeram parte desse pacote.

Enquanto isso, a maior cidade afro-atlântica do mundo no século XIX pulsava no encontro entre as múltiplas culturas africanas e nos encruzilhamentos entre saberes, tecnologias, espiritualidades e percepções de gentes que talvez nunca se encontrassem na África, mas acabaram se encontrando nas ruas do Rio de Janeiro. É difícil imaginar um bakongo de Cabinda, um iorubá de Oyó, um fon do Daomé e um macua de Moçambique se encontrando na África. Eles, todavia, se encontraram no Rio de Janeiro, vitimados pelo mesmo horror e agentes da cultura de reinvenção da vida que se formava do lado de cá do oceano.

Desse caldeirão que inclui imigrantes pobres e deserdados da terra em geral, certo modo de ser moldado na prática do território vai constituindo a cidade. Neste contexto mencionado, o das primeiras décadas da República, proponho que selecionemos sete elementos que, ocorrendo ao mesmo tempo, marcam o Rio de Janeiro que pulsa nas brechas do projeto de exclusão ancorado nos sonhos elitistas de Paris:

1 — a macumba carioca;
2 — a ocupação dos subúrbios;
3 — a popularização do futebol;
4 — o surgimento do samba urbano carioca;
5 — a consolidação dos botequins como espaços de sociabilidades das classes trabalhadoras urbanas;
6 — a formação das primeiras escolas de samba como marca distintiva do carnaval negro;
7 — a popularização do jogo do bicho.

Os textos que compõem este livro versam, portanto, sobre os sete temas (que vão se encruzilhando uns com os outros) acima mencionados: macumba, botequim, samba, futebol, escolas de samba, subúrbios e jogo do bicho. Quatro deles são inéditos em livros. "Pelintras e Padilhas" foi originalmente escrito como um artigo para a revista *Piauí*. "Dos arredores da Praça Onze aos terreiros de Oswaldo Cruz" foi escrito para a revista do Programa Avançado de Cultura Contemporânea da Universidade Federal do Rio de Janeiro, e publicado em 2016 como um artigo científico. "Samba — entre Áfricas e Brasil, o corpo como terreiro" é inédito e baseado nas anotações que fiz para a curadoria da exposição "Semba/Samba: corpos e atravessamentos". Dividi a curadoria de conteúdo dessa exposição com Nei Lopes e o projeto museográfico foi dos carnavalescos Gabriel Haddad e Leonardo Bora. "Escolas de samba — o carnaval de sociabilidades negras" é um texto novo, escrito originalmente para analisar o carnaval de 2022, o da retomada pós-pandemia. Os três textos seguintes, sobre o futebol, os botequins e o jogo do bicho, foram originalmente publicados nos livros "Maracanã: quando a cidade era terreiro", "Pedrinhas Miudinhas: ensaios sobre ruas, aldeias e terreiros" e "Maldito invento dum baronete: uma breve história do jogo do bicho". Os dois primeiros foram reescritos especialmente para essa edição e por isso aparecem com os títulos levemente modificados.

.1.
MACUMBAS

Pelintras e Padilhas: dos terreiros à Marquês de Sapucaí

ENTIDADE PODEROSA DOS TERREIROS de canjira, baixando em diversos ramos e linhas das macumbas brasileiras, Zé Pelintra nos coloca desafios encantados. Há quem afirme que, originalmente, Seu Zé é um mestre do culto do catimbó nordestino que acabou se manifestando em outras vertentes das sabenças de terreiro.

O culto do catimbó abrange um conjunto de atividades místicas que envolvem desde a pajelança indígena até elementos do catolicismo popular, com origem no Nordeste. Tem como seus fundamentos a crença no poder da bebida sagrada da Jurema e no transe de possessão, em que os mestres trabalham tomando o corpo dos catimbozeiros.

Os juremeiros afirmam que os mestres foram pessoas que, durante as vidas terrenas, desenvolveram habilidades no uso de ervas curativas. Com a morte, passaram a habitar um dos reinos místicos do Juremá. Lá são auxiliados pelos Caboclos da Jurema, espíritos de indígenas que conhecem as artes da guerra e da cura.

O Juremá é um lugar composto de reinos, aldeias e cidades, como nosso mundo real. Há, dependendo da linha do catimbó, quem trabalhe com cinco ou sete reinos, formados por aldeias ou cidades e habitados pelos mestres. Para a linha de cinco, os reinos são os do Vajucá, Urubá, Josafá, Juremal e Tenemé. Para a linha de sete, temos os reinos de Vajucá, Juremal, Urubá, Tigre, Canindé, Josafá e Fundo do Mar. Os praticantes do culto consideram que Alhandra, no litoral Sul da Paraíba, é a cidade que representa os reinos do Juremá na Terra, onde os poderes dos mestres da Jurema teriam sido anunciados.

A Jurema, sem o acento agudo, é uma bebida tirada da árvore de mesmo nome, bastante utilizada nos ritos de pajelança dos tupis. É ela que dinamiza o catimbó e práticas similares, como o babaçuê e o toré.

Feitas essas breves observações sobre o catimbó, vamos a Seu Zé. Dizem muitas coisas e contam as mais mirabolantes e distintas histórias sobre certo José de Aguiar. Contam, por exemplo, que ele nasceu no Cabo de Santo Agostinho, em Pernambuco, cresceu em Afogados da Ingazeira, outro município pernambucano, e posteriormente foi para o Recife, morando na Rua da Amargura, próximo à zona boêmia da cidade. Sofrendo de mal de amor, apaixonado perdidamente por Maria Luziara, Zé teria resolvido percorrer os sertões e praias do Nordeste para esquecer o infortúnio. Esteve na Paraíba e em Alagoas. Até hoje os terreiros cantam o desamor e sua sina:

> Na Rua da Amargura
> Onde Seu Zé Pelintra morava
> Ele chorava por uma mulher
> Chorava por uma mulher que não lhe amava.

Nessa peregrinação, ele teria sido iniciado nos ritos da Jurema sagrada por Mestre Inácio, por sua vez iniciado no culto pelos índios caetés. Após se encantar ou morrer (há controvérsias), Zé de Aguiar baixou um dia no juremeiro José Gomes da Silva e disse que era José Pelintra, Príncipe da Jurema e Mestre do Chapéu de Couro.

Quando baixa como entidade do catimbó nos terreiros nordestinos, Zé Pelintra é, portanto, um mestre. Com bengala e cachimbo, usa camisa comprida branca ou quadriculada e calça branca dobrada nas pernas, com um lenço vermelho no pescoço. Sempre trabalha descalço.

Ao chegar ao Rio de Janeiro, provavelmente trazido pelo traslado de inúmeros migrantes nordestinos atraídos para a cidade que, na primeira metade do século XX, era a capital federal, Seu Zé se transformou. Virou carioca e teve seu culto incorporado pela linha da malandragem na umbanda. Há quem diga que foi morar na Lapa, farreou à vontade e morreu numa briga no Morro de Santa Teresa. Abandonou as vestes de mestre da Jurema e agora baixa nos terreiros da Guanabara trajando terno de linho branco, sapato de cromo, chapéu panamá e gravata vermelha. Seu Zé se adaptou a essa nova circunstância. A viagem do Pelintra é até hoje retratada em um de seus pontos mais famosos:

> Ô Zé, quando vem de Alagoas
> Toma cuidado com o balanço na canoa
> Ô Zé, faça tudo que quiser
> Só não maltrata o coração dessa mulher.

A MOÇA

Zé Pelintra é a figura icônica do malandro nos terreiros do Brasil. Já a figura feminina que ocupa um lugar de protagonismo nas rodas da malandragem e nas giras dos exus é a pombagira. Se o Zé é o catimbozeiro que se fez malandro nas curimbas cariocas, quem são as moças formosas — maneira pela qual as pombagiras são conhecidas nas umbandas? Há que se raspar o fundo do tacho para, palidamente, acariciar os saberes que podem nos levar a elas.

Do ponto de vista da etimologia, a palavra "pombagira" certamente deriva dos cultos angolo-congoleses aos inquices. Uma das manifestações do poder das ruas nas culturas centro-africanas é o inquice Bombojiro, ou Bombojira, que para muitos estudiosos dos cultos bantos é o lado feminino de Aluvaiá, Mavambo, o dono das encruzilhadas, similar ao Exu iorubá e ao vodum Elegbara do povo fon. Em quimbundo "*pambu-a-njila*" é a expressão que designa o cruzamento dos caminhos, as encruzilhadas.

Os encruzilhamentos religiosos entre as várias culturas de origens africanas, ritos ameríndios, tradições europeias, vertentes do catolicismo popular etc. dinamizaram no Brasil vasta gama de práticas religiosas fundamentadas em três aspectos básicos: a possibilidade de interação com ancestrais, encantados e espíritos através dos corpos em transes de incorporação (é o caso da umbanda) e expressão (é o caso dos candomblés); um modo de relacionamento com o real fundamentado na crença em uma energia vital — que reside em cada um, na coletividade, em objetos sagrados, alimentos, elementos da natureza, práticas rituais, na sacralização dos corpos pela dança, no diálogo dos corpos com o tambor e na modelação de condutas estabelecidas pelo conjunto de relatos orais e pela transmissão de matrizes simbólicas por palavras, transes e sinais.

A pombagira é resultado do encontro entre a força vital do poder das ruas que se cruzam e a trajetória de encantadas ou espíritos de mulheres que viveram a rua de diversas maneiras, tiveram grandes amores e expressaram a energia vital através de uma sexualidade aflorada e livre.

A energia pulsante dessas entidades cruzadas, como se o domínio delas já não fosse as encruzilhadas, é libertadora, mas nunca descontrolada. Ela é sempre controlada pelo próprio poder feminino e se manifesta em uma marcante característica da entidade: a pombagira é senhora dos desejos do corpo e manifesta isso em uma expressão corporal gingada, sedutora, sincopada, desafiadora do padrão normativo. A pombagira, como diz um antigo ponto de umbanda, é uma ventania que se encanta nos corpos:

> Deu uma ventania, ô Ganga
> No alto da serra
> Vejo Maria Padilha, ô Ganga
> Que vem girar na terra.

PELINTRA ENCONTRA PADILHA NA AVENIDA

No carnaval de 2016, Zé Pelintra deixou os terreiros de macumba e ganhou a Marquês de Sapucaí, avenida onde as escolas de samba do Rio de Janeiro desfilam durante o Carnaval. Não precisou alterar as cores de sua vestimenta, já que a escola que o homenageou, o GRES Acadêmicos do Salgueiro, veste vermelho e branco, feito a gravata e o terno do malandro encantado. As pombagiras também tomaram conta do sambódromo.

O enredo da agremiação, "Ópera dos Malandros", partia do musical de Chico Buarque de Hollanda para falar da malandragem. Nesse aspecto, trazia referências ao icônico Rio de Janeiro da década de 1930, território por excelência do "malandro histórico", e referências ao "malandro divino", cujo território de atuação é o terreiro de santo.

O enredo do Salgueiro causou celeuma, confirmada pelo desfile. Na frente da escola vinha Seu Tranca Rua, exu de umbandas e quimbandas, com sua desconcertante multiplicidade cruzada de quem cozinha a gambá na hora que quer. Atrás dele, a turma da guma, da curimba, da raspa do tacho, da beleza desconcertante e amedrontadora da rua, dos feitiços da Jurema, dos catimbós, das tabernas ibéricas e biroscas cariocas, daqueles que correram gira pelo Norte.

Dias antes do desfile oficial, a escola se apresentou em um ensaio geral na avenida. A rainha de bateria, Viviane Araújo, veio representando as pombagiras em sua performance. O fato gerou uma enxurrada de comentários preconceituosos nas redes sociais, especialmente de neopentecostais que acusaram Araújo de emprestar seu corpo ao diabo.

No dia do desfile, contrariando as expectativas, a rainha de bateria não veio representando uma pombagira. Foi a vez de os adeptos das religiões afro-brasileiras acusarem o Salgueiro de ter recuado em virtude dos ataques evangélicos.

O fato é que o malandro batuqueiro e a dama da noite incomodaram de todas as formas. Para desamarrar o nó dessa polêmica, nos resta tentar responder à pergunta que o desfile salgueirense escancarou: quem tem medo de Seu Zé Pelintra e de Dona Maria Padilha?

A GIRA

As reflexões que o encontro entre Seu Zé Pelintra e as pombagiras sugerem, com toda a controvérsia provocada pelo desfile do Salgueiro, devem ser dimensionadas a partir de uma constatação: a exclusão social no Brasil é um projeto de Estado. A afirmação simples apenas constata que, com momentos raros de relativização desse processo, o Brasil foi um país que articulou estratégias em relação à pobreza, fundadas na experiência que é o maior marco da nossa formação: a escravidão. A dominação do outro se articulava em estratégias de controle dos corpos com inúmeras variantes: o corpo amansado pela catequese, pelo trabalho bruto, pela chibata e pelo confinamento em espaços precários — porões de navios negreiros, senzalas, canaviais e cadeias.

Conforme escrevi em "O Corpo Encantado das Ruas", o fim da escravidão exigiu redefinições nas estratégias de controle dos corpos e coincidiu com os projetos modernizadores que buscaram estabelecer, a partir da segunda metade do século XIX, caminhos de inserção do Brasil entre os povos ditos civilizados. Tomo o Rio de Janeiro como horizonte dessas reflexões.

A relação das elites e do poder público com os pobres, dentro dessa aventura modernizadora, era paradoxal. Os "perigosos" maculavam, do ponto de vista da ocupação e reordenação do espaço urbano, o sonho da cidade moderna e cosmopolita. Ao mesmo tempo, falamos dos trabalhadores urbanos que sustentavam — ao realizar o trabalho braçal que as elites não cogitavam fazer — a viabilidade desse mesmo sonho.

Novas e velhas estratégias de confinamento dos corpos então se articularam, agora em favelas, subúrbios, vagões lotados e cadeias. O ideal era que os pobres não estivessem nem tão perto, a ponto de macular a cidade restaurada e higienizada, e nem tão longe, a ponto de obrigar a madame a realizar os serviços domésticos que, poucas décadas antes, eram tarefas das mucamas de sinhá.

Aqui vem a questão que precisa ser levantada com mais ênfase: o controle dos corpos se articula permanentemente ao projeto de desqualificação das camadas subalternas como agentes incessantes de invenção de modos de vida. Esse projeto de desqualificação da cultura atua em algumas frentes. Entre elas, vale citar a criminalização de batuques, sambas, macumbas, capoeiras; e a repressão aos elementos lúdicos do cotidiano dos pobres (o jogo do bicho — reprimido por ser, no início do século XX, uma loteria dos mais humildes — é exemplo disso).

Essa prevenção contra a pobreza articulou-se também no campo do discurso em que atua a história como espaço de produção de conhecimento. Apenas elementos externos aos pretos, indígenas e pobres em geral — a ciência, o cristianismo, a democracia representativa, a economia de mercado, a inclusão pelo consumo de bens, a escola ocidental etc. — poderiam inseri-los, ainda que precariamente e como subalternos, naquilo que imaginamos ser a história.

Os corpos pelintras e pombagirados, nesse contexto, funcionam como antinomias ao projeto colonizador. Escapam da normatividade pelo transe, questionam em suas gingas e narrativas performáticas o estatuto canônico, levam ao limite da exasperação um projeto civilizatório que não consegue lidar com tamanha radicalização na alteridade.

A estranheza repulsiva que Seu Zé e Maria Padilha, Dona Mulambo, Dona Sete Saias e tantas outras pombagiras causam revela, assim, desmantelando os velamentos cordatos, o pano de fundo da formação brasileira: o racismo de base colonial. É evidente que raça aqui não é o conceito biológico já superado. Penso, e não há novidade nisso, a raça como categoria política-social-cultural historicamente constituída, que continua atuando com vivacidade em nossas ruas, cadeias e cemitérios.

O racismo, nesse sentido, opera de três maneiras: na impressão mais direta da cor da pele; na desqualificação dos bens simbólicos daqueles a quem o colonialismo tenta submeter e no trabalho cruel de liquidar a autoestima dos submetidos, fazendo com que introjetem a percepção da inferioridade de suas culturas. A discriminação, portanto, vai além do corpo físico (mas parte dele) e também se estabelece a partir da inferiorização de bens simbólicos daqueles a quem o colonialismo tenta submeter: crenças, danças, comidas, visões de mundo e formas de celebrar a vida, enterrar os mortos, educar as crianças etc.

O desfile do Salgueiro se localiza, portanto, no campo explicitamente oposto ao daquele em que os mecanismos coloniais atuam, ao trazer para o centro da perspectiva o catimbozeiro virado em malandro e as pombagiras de corpos ajustados, paradoxalmente, na lógica do desajuste normativo da experiência dos corpos livres. Zé Pelintra e as pombagiras, nesse sentido, não são sobreviventes. Nossa proposta é entendê-los a partir de outra categoria: a de supraviventes.

Valemo-nos, para definir a supravivência, da artimanha mandingueira das palavras, esticando a percepção da linguagem para o campo da poesia no qual o arrebatamento, inclusive conceitual, atua. Nossa hipótese é a de que somente a encantação da língua pode dar conta dos corpos malandreados no samba.

O projeto de normatização da vida pressupõe, para que seja bem-sucedido, estratégias de desencantamento do mundo e aprofundamento da colonização dos corpos. É o corpo, afinal, que sempre ameaçou, mais do que as palavras, de forma mais contundente, o projeto colonizador fundamentado na catequese, no trabalho forçado, na submissão da mulher e na preparação dos homens para a virilidade expressa na cultura do estupro e da violência: o corpo convertido, o corpo escravizado, o corpo domesticado e o corpo poderoso. Todos eles doentes. Nenhum deles tinha corpos de pelintras e padilhas salgueirenses.

A colonização (pensada como fenômeno de longa duração, que está até hoje operando suas artimanhas) gera sobras viventes, gentes descartáveis que não se enquadram na lógica hipermercantilizada e normativa do sistema. Algumas sobras viventes conseguem virar sobreviventes. Outras, nem isso. Os sobreviventes podem se tornar supraviventes — aqueles que foram capazes de driblar a própria condição de exclusão (as sobras viventes), deixaram de ser apenas reativos ao outro (como sobreviventes) e foram além, inventando a vida como potência (supraviventes) (Ver Simas e Rufino, 2016).

É na supravivência que o malandro divino e a dona das tabernas e encruzilhadas atuam. Eles trazem em seus corpos o grande signo da malandragem, a capacidade de se adaptar aos espaços do precário, e acabam subvertendo esses próprios espaços ao praticá-los como terreiros de saberes encantados, sacralizando o mundano e profanando o sagrado. São os corpos de pelintras e padilhas, em interação fantástica com seus cavalos de santo, que operam na mais radical oposição ao projeto colonial. São, por isso mesmo, talhados para o exercício sublime da liberdade. É como tal que incomodam, desafiam e, sobretudo, amedrontam os normatizados na lógica da contenção dos corpos ao insistir, gargalhando, na vida.

.2.
SUBÚRBIOS

Dos arredores da Praça Onze aos terreiros de Oswaldo Cruz

MARQUES REBELO, GRANDE CRONISTA das coisas do Rio de Janeiro, dizia que uma cidade é feita de várias cidades. Cada uma dessas cidades, acrescento, têm seus espaços de construção de memórias e desenvolve formas peculiares de se experimentar a vida e abordar o mundo.

A cidade é também e sobretudo produtora constante de cultura, entendida aqui como um conjunto de práticas e elaborações simbólicas definidoras e dinamizadoras de modos de vida. Nessa perspectiva, cultura não é coisa naturalmente boa ou ruim. Cultura é a maneira como um grupo cria ou reelabora formas de vida e estabelece significados complexos sobre a realidade que o cerca. As maneiras de falar, vestir, comer, rezar, punir, matar, nascer, enterrar os mortos, chorar, festejar, envelhecer, dançar, não dançar, fazer música, silenciar, gritar.

Além de feitas de memórias, as cidades também se caracterizam pelos seus lugares de esquecimento, territórios do efêmero. Os lugares de memória são, ao contrário, territórios de permanência; espaços inventados pelos homens em suas geografias de ritos.

É nesse horizonte feito do que há e do que já não há, tensionado por lugares de memória e lugares de esquecimento, que se inscrevem as culturas oriundas da costa africana e redefinidas na cidade do Rio de Janeiro, inicialmente a partir do recorte medonho do cativeiro.

A experiência da escravidão africana nas Américas é, a rigor, uma experiência de dispersão, fragmentação, quebra de laços associativos e morte, simbólica e literal. Ela também é, ao mesmo tempo, uma experiência de reconstrução constante de práticas de coesão, invenção de identidades, dinamização de sociabilidades e vida. A chibata que bate no lombo e a baqueta que bate no couro do tambor são as duas faces dessa moeda.

Em suma, e este é o sentido do que acima foi insinuado, as culturas africanas, aparentemente destroçadas pela fragmentação trazida pela experiência do cativeiro, se redefiniram a partir da criação, no Brasil, e mais especificamente no Rio de Janeiro, de instituições associativas (zungus, terreiros de santo, agremiações carnavalescas etc.) de invenção, construção, manutenção e dinamização de identidades comunitárias.

A problematização desses aspectos exige um mergulho na historicidade do processo de abolição da escravatura no Brasil e da transição entre a República e a Monarquia.

A CIDADE REPUBLICANA

Os primeiros governos republicanos incriminaram as diversas manifestações da cultura popular no Rio de Janeiro — quase todas marcadamente vinculadas às áfricas que existem nas ruas cariocas. Jogar capoeira passou a ser crime pelo Código Penal de 1890 (Dias, 2001), os terreiros de macumba foram sistematicamente reprimidos e a posse de um pandeiro era suficiente para a polícia enquadrar o sambista na lei de repressão à vadiagem, conforme aconteceu com João da Baiana. Os intelectuais do período

— com raras exceções — pregavam a necessidade de se promover um branqueamento da população brasileira como garantia de civilizar as nossas gentes em padrões europeus.

Quando a escravidão terminou, houve uma deliberada política de atrair imigrantes europeus para o Brasil. Não há qualquer registro de iniciativa pública que tenha pensado na integração do ex-escravizado ao exercício pleno da cidadania e ao mercado formal de trabalho. A ideia era mesmo a de estimular a imigração de brancos do Velho Mundo. O modelo de abolição da escravatura no Brasil foi resumido com rara felicidade em uma única frase do samba da Mangueira de 1988: "... livre do açoite da senzala / preso na miséria da favela" (Hélio Turco e Jurandir — 100 anos de liberdade, realidade ou ilusão).

Uma das primeiras leis de estímulo à imigração no período falava que o Brasil abria as portas, sem restrições, para a chegada dos imigrantes europeus. Africanos e asiáticos, porém, só poderiam entrar com autorização do Congresso Nacional, em cotas pré-estabelecidas. Mais do que encontrar mão de obra, a imigração no Brasil foi estimulada como meio de branquear a população e instituir hábitos ocidentais entre os nossos (Sevcenko, 2003).

É exatamente dentro desse contexto racista e discriminatório do pós-abolição que começa a ser gerada a reação a essa política pública elitista, de recorte francamente cosmopolita: a cultura da fresta como meio de reinvenção da vida e construção de uma noção de pertencimento ao grupo e ao espaço urbano.

É também nesse contexto emblemático que começa a ocupação mais sistemática dos morros do Rio de Janeiro, com a formação das favelas a partir da ocupação do Morro da Providência, estimulada, na década de 1890, pela derrubada do cortiço Cabeça de Porco e pela volta de soldados que lutaram na Guerra de Canudos. O contexto do período inicial do século XX é marcado por duas ideias que norteiam a atuação do poder público em relação à cidade e seus habitantes: civilizar, interferindo no espaço urbano e nos hábitos cotidianos; higienizar, através da assepsia proporcionada pela vacina e pela saga apostolar do Doutor Oswaldo Cruz.

O ato de civilizar era visto como uma tentativa de impor à cidade padrões urbanos e comportamentais similares às capitais europeias, especialmente Paris. Foi essa a perspectiva da reforma urbana de 1904, projetada pelo prefeito Pereira Passos e seus asseclas — o mandatário era um declarado devoto de Haussmann, o responsável pela reforma urbana da capital francesa nos tempos de Napoleão III.

A reorganização do espaço urbano teve o objetivo de consolidar a inserção do Brasil no modelo capitalista internacional, facilitar a circulação de mercadorias (inviabilizada pelas características coloniais da região central, com ruas estreitas que dificultavam a ligação com a Zona Portuária) e construir espaços simbólicos que afirmassem os valores de uma elite cosmopolita. Era o sonho da Belle Époque tropical.

Havia, porém, um obstáculo a ser removido para a concretização da Cidade Maravilhosa: os pobres que habitavam as ruas centrais da cidade e moravam em habitações coletivas, como cortiços e casas de cômodos — sobretudo os descendentes de escravos, mestiços e imigrantes portugueses.

A solução encontrada pelo poder público foi simples e impactante; começou o "bota abaixo", com o sugestivo mote de propaganda "O Rio civiliza-se". Mais de setecentas habitações coletivas foram demolidas em curto espaço de tempo.

Dentre outras intervenções urbanas, foi aberta a Avenida Central (atual Rio Branco); demolido o Largo de São Domingos, para a abertura da atual Avenida Passos; demolidas as casas paralelas aos Arcos da Lapa e ao Morro do Senado, para abrir a passagem à Avenida Mem de Sá; alargadas as ruas Sete de Setembro e da Carioca; abertas as avenidas Beira Mar e Atlântica e concluído o alargamento da Rua da Vala (atual Uruguaiana).

A reforma pretendia resolver uma série de problemas e contradições da cidade e gerava uma indagação: o que fazer com os homens e mulheres que os governos definiam como "elementos das classes perigosas", habitavam as regiões centrais e eram obstáculos à concretização da Paris tropical?

A relação das elites e do poder público com os pobres era paradoxal. Os "perigosos" maculavam, do ponto de vista da ocupação e reordenação do espaço urbano, o sonho da cidade moderna e cosmopolita. Para isso, era necessário controlar, vigiar e impor padrões e regras preestabelecidas a todas as esferas da vida (Sevcenko, 1986, p. 33). Ao mesmo tempo, falamos dos trabalhadores urbanos que sustentavam — ao realizar o trabalho braçal que as elites não cogitavam fazer — a viabilidade desse mesmo sonho: operários, empregadas domésticas, seguranças, porteiros, soldados, policiais, feirantes, jornaleiros, mecânicos, coveiros, floristas, caçadores de ratos, desentupidores de bueiros (Simas, 2019).

Como uma espécie de aparente paradoxo que escancara a complexidade da questão, os habitantes dos cortiços eram necessários, dentre outras coisas, para realizar o trabalho braçal da demolição dos cortiços.

A população pobre, ao mesmo tempo repelida e necessária, tinha duas opções: morar nos subúrbios ou ocupar os morros centrais. A vantagem da ocupação dos morros, evidente para os dois lados, era a maior proximidade dos locais de trabalho: não tão perto que possam macular a cidade restaurada e higienizada, não tão longe que obriguem as elites a realizar os serviços domésticos que, poucas décadas antes, eram tarefas das mucamas de sinhá.

A ocupação dos morros retrata, então, as contradições de uma cidade que se pretende moderna e cosmopolita e é, ao mesmo tempo, marcada pelo esteio ideológico de trezentos anos de trabalho escravo. Os séculos de cativeiro e chibata geraram uma brutal desvalorização dos serviços manuais e dos seus praticantes. Eram eles, os pobres, vistos como desprovidos de cultura. Tinham, porém, a força necessária para o trabalho pesado.

Nessa cidade marcada pela tentativa dos detentores do poder de extirpar as referências à herança africana, as diversas manifestações culturais das populações negras, exatamente aquelas que engendravam novos laços de sociabilidade e reforçavam convívios comunitários, eram sistematicamente perseguidas: a roda de samba, as festas religiosas, as maltas de capoeira, os blocos carnavalescos e batuques diversos.

A Lei de Vadiagem aprovada no Código Penal, sancionado em 1890, estabelecia que o ato de vadiar passasse a ser contravenção. Foi baseado nela que o poder público reprimiu, amparado pela legalidade, rodas de samba e festas de candomblé.

Tal postura das elites brasileiras se articula a uma constatação de Frantz Fanon: o racismo herdado do colonialismo se manifesta explicitamente — e com mais furor — a partir de características físicas, mas não apenas aí. A discriminação também se estabelece a partir da inferiorização de bens simbólicos daqueles a quem o colonialismo tenta submeter: crenças, danças, comidas, visões de mundo, formas de celebrar a vida, enterrar os mortos, educar as crianças, etc. (Fanon, 2008).

O discurso do colonizador europeu em relação ao índio e ao africano consagrou a ideia de que esses seriam naturalmente atrasados, despossuídos de história. Apenas elementos externos a eles — a ciência, o cristianismo, a democracia representativa, a economia de mercado, a escola ocidental etc. — poderiam inseri-los naquilo que imaginamos ser a história da humanidade. É a tentativa, em suma, de impor um olhar homogêneo sobre o mundo.

É evidente que a tensão que apresentamos refletiu-se na configuração do espaço urbano carioca. A tentativa das populações descendentes de negros escravizados, em uma cidade que se pretendia cosmopolita e cartão postal de um Brasil preparado para se inserir no processo de expansão capitalista, é das aventuras mais contundentes do processo de configuração do Rio de Janeiro e até hoje ressoa nas nossas ruas, como memória ou como esquecimento que grita exatamente pela ausência.

Um dos redutos negros mais contundentes, ampliado exatamente nesse contexto, é aquele que se estendeu entre a Praça Onze de Junho e as proximidades da atual Praça Mauá, na Zona Portuária. Inspirado por uma declaração de Heitor dos Prazeres, que afirmou ser a Praça Onze no início do século XX uma África em miniatura, Roberto Moura cunhou para a região o epíteto de "Pequena África" (Moura, 1983).

A Praça Onze era um retângulo entre as ruas Visconde de Itaúna e Senador Euzébio, fechado pelas ruas de Santana e Marquês de Pombal (Lopes; Simas, 2015, p. 225). Por ela desfilavam ranchos e escolas de samba e ocorriam encontros entre comunidades negras do Rio, para confraternizações e também para confrontos em torno das rodas de pernada e batucada. A demolição da Praça Onze, a partir da década de 1940, é a destruição de um dos lugares mais significativos da história das culturas negras no Rio de Janeiro e mais um emblema desse conflito que estamos sugerindo.

Foi na Praça Onze, por exemplo, que morou Ciata de Oxum, a Tia Ciata, yakekerê (mãe pequena) da casa de candomblé de João Alabá, situada na Rua Barão de São Felix, e uma das personagens mais emblemáticas da cidade negra carioca. As tias eram, de modo geral, baianas que exerciam no Rio de Janeiro o papel de lideranças comunitárias legitimadas pelo exercício do sacerdócio religioso. Elas criaram redes de proteção social fundamentais para a comunidade negra. Além de Ciata, nomes como os de Tia Prisciliana (mãe de João da Baiana), Tia Amélia (mãe de Donga), Tia Veridiana e Tia Mônica (mãe de Carmem do Xibuca e de Pendengo) fazem parte desse universo.

ÁFRICAS CARIOCAS

A ideia de uma Praça Onze como uma África encravada em um Rio de Janeiro tensionado pelo sonho cosmopolita de suas elites é consagrada não só no imaginário popular como também na produção literária e historiográfica sobre a cidade. A alcunha de "berço do samba", tantas vezes usadas para se referir ao local, é exemplar disso.

Não obstante o indiscutível relevo e centralidade da Praça Onze nesse processo, o estudo mais sistemático sobre a cidade e o samba urbano mostra ser mais coerente se falar de um Rio de Janeiro de pequenas áfricas. A cristalização da ideia de uma África encravada no coração da cidade ganhou contornos quase mitológicos, ainda que fundamentados em referências orais e escritas que atestem a importância da região.

A despeito disso, devemos lembrar que as reconfigurações urbanas da cidade foram expandindo o Rio de Janeiro cada vez mais para a Zona Norte, para o subúrbio e para o alto dos morros. Comunidades negras acabaram tendo papeis de absoluta relevância no processo de ocupação dessas regiões. Um caso emblemático e exemplar, que abordaremos mais detalhadamente por ser emblemático dessa ideia de tantas Áfricas que se espraiam pelo Rio, é o do bairro de Oswaldo Cruz.

Para se falar de Oswaldo Cruz, convém começar pela Freguesia de Irajá. Ela foi criada no século XVII, a partir da divisão de uma sesmaria no Vale de Inhaúma e com o tempo se transformou em uma das principais zonas de abastecimento da cidade do Rio de Janeiro, produzindo frutas tropicais, aguardente de cana, hortaliças e produtos para construção — telhas e tijolos — saídos de suas olarias. O abastecimento da Cidade era feito por um pequeno porto situado na foz do Rio Irajá, de onde as embarcações desciam até o canal do Rio Meriti, e seguiam por outros pequenos canais que desaguavam na Baía da Guanabara (Simas, 2012, p. 27).

A crise do trabalho escravo desarticulou a economia agrária e marcou o declínio econômico de toda a região. A partir desse contexto, as grandes propriedades do Campo de Irajá foram loteadas e ocupadas, sobretudo, por ex-escravizados e homens pobres, oriundos do Vale do Paraíba.

Com as reformas urbanas do início da República, notadamente a citada reforma de Pereira Passos, aumenta vertiginosamente a ocupação dos morros das regiões mais próximas ao centro — especialmente no Estácio, na Tijuca, na Saúde e em Vila Isabel — e também de alguns logradouros do subúrbio.

Uma das propriedades mais famosas da região de Irajá era a Fazenda do Campinho, pertencente ao Capitão Francisco Ignácio do Canto e arrendada em meados do século XIX pelo boiadeiro Lourenço Madureira. Do loteamento dessa fazenda surgiram os bairros de Campinho e Madureira. Ambos assistiram a um aumento exponencial no número de moradores nas primeiras décadas do século XX. Oswaldo Cruz, bem perto de Madureira, surgiu a partir do loteamento de terras que pertenceram ao português Miguel Gonçalves Portela, na região do vale do Rio das Pedras, concentrando grande parte do rebanho bovino da cidade.

Entre a segunda metade do século XIX (tempos da Monarquia) e as primeiras décadas do século XX, ocorre a extensão da linha ferroviária da Estrada de Ferro Central do Brasil — que até a Proclamação da República, em 1889, se chamava Estrada de Ferro Dom Pedro II — ao subúrbio. A estação de trens integra cada vez mais Oswaldo Cruz aos bairros vizinhos, com economias mais fortes, e ao próprio Centro, que se manteve como local de trabalho da maior parte da população economicamente ativa da cidade (Simas, 2012, p. 29).

Os poucos relatos existentes sobre Oswaldo Cruz nessa época descrevem uma região essencialmente rural. Não havia água encanada, luz elétrica e calçamento. As ruas eram cortadas por valões que dificultavam a passagem dos habitantes, obrigados a se locomover a pé ou a cavalo. O comércio era feito entre vários currais e se resumia a alguns armazéns e bares que, vez por outra, tinham que expulsar bois e vacas que adentravam os estabelecimentos.

Nesse bairro sem maiores atrativos, quase sem opções de lazer e um verdadeiro contraponto de um centro da cidade que se embelezava em padrões europeus, a comunidade de Oswaldo Cruz se integrava. Organizando festas e construindo sociabilidades em torno das macumbas de origem afro-brasileiras, da nascente umbanda, dos batuques dos sambas e das rodas de dança do jongo e do caxambu, danças oriundas dos negros bantos Vale do Paraíba, os moradores construíam laços de pertencimento e identidade.

Dentre os festeiros mais conhecidos de Oswaldo Cruz se destacavam Napoleão José do Nascimento, conhecido como Seu Napoleão — pai de Natal, personagem marcante da história da Portela, do jogo do bicho e de todo o subúrbio carioca — e as yalorixás (mães de santo) Dona Martinha e Dona Neném. Ali perto, em Quintino Bocaiúva, batia seus tambores outro terreiro famoso entre a comunidade de descendentes de africanos, o de Madalena Rica, mais conhecida como Mãe Madalena do Xangô de Ouro. As giras de macumba geralmente abriam caminho para as rodas de samba e os sambas de roda.

O citado Seu Napoleão tinha uma irmã, Dona Benedita, que morava na Rua Maia Lacerda, no Estácio de Sá, e era amiga dos compositores que, naquele momento, inventavam um novo tipo de samba, mais adequado ao desfile em cortejo do que o samba amaxixado que então vigorava no Rio de Janeiro: Ismael Silva, Brancura, Aurélio, Baiaco, Bide e outros iam a Oswaldo Cruz acompanhando Dona Benedita. Normalmente participavam das canjiras de macumba e depois comandavam as rodas de samba.

Outra festeira que marcou a história de Oswaldo Cruz foi a dona de casa Esther Maria Rodrigues (citada em alguns relatos como Esther Maria de Jesus). Dona Ester era iniciada no candomblé e adorava carnaval. Fora porta-estandarte do Cordão Estrela Solitária, que desfilava no carnaval pelas ruas próximas ao Largo do Neco, entre Turiaçu e Madureira. Algumas das festas de Dona Esther chegavam a durar dois dias seguidos, atraindo figuras de todos os cantos do Rio de Janeiro.

De certa maneira, Dona Ester foi uma espécie de Tia Ciata suburbana: uma mãe de santo que foi tia do samba. Sua casa foi um ponto de encontro, troca de experiências, criação de pertencimentos, formação de rede de proteção social e centro dinâmico de incessante produção de cultura.

A figura de matriarca representada por Dona Ester foi fundamental na posterior fundação da Portela, a escola de samba que só foi possível porque Oswaldo Cruz era também uma Pequena África do Rio de Janeiro, assim como a Praça Onze e tantos outros lugares.

PAULO DA PORTELA

Este pequeno texto parte da perspectiva de que as culturas oriundas da costa africana se redefinem no Rio de Janeiro a partir da criação de experiências associativas. Essas, fundamentalmente, se articulam como contrapontos potentes à fragmentação típica de experiências diaspóricas.

A aventura civilizatória dos negros cariocas interagiu de formas tensas e intensas com as transformações urbanas que a cidade vivenciou, especialmente nos primeiros anos da República. A construção de uma cidade cosmopolita dependia da criminalização dos saberes negros.

Nesse processo, redutos de descendentes de africanos funcionaram como verdadeiros territórios de pertencimento e circulação de saberes não canônicos, que afrontavam o recorte ocidentalizante que a cidade cosmopolita pretendia ter. A Pequena África, nos arredores da Praça Onze, é seu exemplo seminal, tendo se consagrado nas narrativas sobre a cidade como um caso quase isolado.

Sem desconsiderar a importância da Praça Onze, sugerimos que o Rio é uma cidade de diversas pequenas áfricas e o fenômeno de surgimento do samba carioca acompanha os constantes fluxos de deslocamento da população negra dentro do Rio de Janeiro e é mais simultâneo entre o porto, os morros e os subúrbios do que supõe a narrativa consagrada sobre o tema. Inúmeros pontos da cidade se articularam como espaços de circulação dos saberes que vierem do lado africano do Atlântico e aqui se redefiniram. Um exemplo é o bairro suburbano de Oswaldo

Cruz. Outros exemplos também seriam pertinentes para se falar desses ambientes marcados pelas micro-diásporas negras, internas, fluminenses e cariocas.

Paulo Benjamin de Oliveira, o Paulo da Portela, certamente uma das figuras mais importantes da história do samba e do subúrbio do Rio de Janeiro, não era natural de Oswaldo Cruz, conforme muita gente supõe. Paulo nasceu em 1901, na Santa Casa de Misericórdia, região central do Rio das mais atingidas pelas reformas urbanas de 1904. Morou na Saúde, bairro da Zona Portuária e parte integrante da África em miniatura dos arredores da Praça Onze. Ali viveu até o início da década de 1920. Aprendeu o ofício de carpinteiro e lustrador de móveis na adolescência e, com cerca de 20 anos de idade, foi morar com a mãe e a irmã na Estrada do Portela, numa localidade conhecida então como Barra Preta: Oswaldo Cruz.

É possível que a trajetória de Paulo da Portela, fica aqui a sugestão para estudos mais aprofundados, ilumine e seja esclarecida pelas formas com que os saberes de uma cidade africana seguiram o fluxo das constantes reformas que tentaram fazer do Rio de Janeiro um simulacro de Paris nos trópicos, se reinventando o tempo todo. À guisa de conclusão é irresistível constatar: ainda bem que as reformas, em seus anseios parisienses e aniquiladores das áfricas cariocas, fracassaram.

.3.
FUTEBOL

Batendo bola e tambor

A SELEÇÃO BRASILEIRA DE FUTEBOL acabava de sofrer, na Copa do Mundo de 2014, a derrota mais contundente de uma história iniciada 100 anos antes, quando pela primeira vez se formou um selecionado de jogadores brasileiros para enfrentar, e vencer por 2 a 0, o clube profissional inglês do Exeter City, no Estádio da Guanabara, como então se chamava o campo do Fluminense Futebol Clube, no Rio de Janeiro. Entremeada por muitos triunfos e algumas tragédias, a trajetória da Seleção está marcada por uma derrota para a Alemanha das mais espantosas da história do futebol: 7 a 1.

As fotos das capas dos jornais do país inteiro no dia seguinte, invariavelmente, flertavam com a dor e a catástrofe e retratavam torcedoras e torcedores com rostos pintados em desespero, jogadores aos prantos, crianças abrindo o berreiro, ruas desertas, e corpos esparramados de bruços no gramado do Mineirão, com as camisas amarelas mais parecendo mortalhas de defuntos depois de uma inapelável derrota numa batalha de infantaria.

Ainda no calor da tragédia, dentro de campo, o zagueiro David Luiz deu a primeira declaração sobre o jogo, pedindo desculpas, aos prantos, ao povo brasileiro:

> Eu só queria poder dar uma alegria ao meu povo. Eu só queria ver meu povo sorrir. Todos sabem como era importante pra mim ver o Brasil inteiro feliz pelo menos por causa de futebol. Desculpa.

O historiador e cientista político irlandês Benedict Anderson afirma o seguinte sobre comunidades e nacionalismos: as comunidades se distinguem não por sua falsidade/autenticidade, mas pelo estilo em que são imaginadas (Anderson, 2008, p. 33).

O sentimento de pertencer a um determinado território amalgamado a um Estado — elemento fundante dos nacionalismos — é historicamente produzido e reproduzido de maneira dinâmica, alterado, inventado e reinventado, ainda que pareça eterno, natural e dotado de fixidez.

O futebol no Brasil ocupou um lugar de centralidade na produção da identidade nacional e na invenção daquilo que caracterizaria um projetado "ser brasileiro". A fala envergonhada de David Luiz abrindo o berreiro após o jogo, dimensionado como uma tragédia nacional mesclada à humilhação sem precedentes, ecoa a percepção de que a invenção do "ser brasileiro" tem no amor pelo futebol um de seus elementos característicos mais evidentes.

Na construção dessa ideia, o futebol percorre uma trajetória cruzada ao percurso do samba. O gênero musical também começou a ser visto, a partir da mesma época do futebol, como um componente daquilo que nos definiria, no terreno fértil do imaginário e suas projeções simbólicas, como "povo".

O samba, em suas diversas vertentes, é uma manifestação musical e coreográfica oriunda das culturas afro-brasileiras. A enzima que gerou o samba bebe na célula rítmica dos tambores ancestrais centro-africanos, do Congo e de Angola, aquela que cruza o mar em virtude da tragédia da diáspora preta e nas encruzilhadas do Novo

Mundo se reelabora como um empreendimento inventivo de construção da vida no precário.

A poderosa manifestação cultural gestada pelos descendentes africanos foi elevada à condição de símbolo nacional; talvez em virtude da sua força e originalidade, talvez como estratégia cordial de dominação e domesticação produzidas pelas elites brasileiras; o mais provável é que seja resultado do cruzamento entre as duas coisas.

Curiosamente, o futebol fez entre nós o caminho inverso ao do samba, até que se encontraram nas encruzilhadas brasileiras. O samba surgiu entre as camadas mais pobres de descendentes de africanos e chegou às camadas médias e elites, especialmente com o advento do rádio e do disco na primeira metade do século XX. O futebol no Brasil é um jogo inicialmente praticado pelas elites que vai se popularizando. Os diversos mitos de origem do futebol entre nós — a consagrada versão do esporte introduzido por Charles Miller; o jogo difundido em Bangu, na Zona Oeste do Rio de Janeiro; a difusão do esporte pela região da bacia platina; o jogo trazido pelo alemão Hans Nobiling; a brincadeira praticada nos colégios de padres de São Paulo etc. — concordam sobre o caráter predominantemente elitista do esporte na virada do século XIX para o século XX.

O esporte trazido da Inglaterra, introduzido como lazer de jovens das camadas dominantes e nas fábricas com trabalhadores ingleses, foi se popularizando, reencantado pelos subalternizados, ganhando múltiplas dimensões e significados. Cooptou e foi cooptado pelo poder público, impactado com a velocidade da popularização do esporte, e por segmentos da intelectualidade, especialmente a partir da década de 1930. Aquela geração de intelectuais e homens públicos dos anos trinta estava empenhada em imaginar a solução da identidade brasileira a partir do idealizado caráter mestiço do povo e da cultura que ele produz. O futebol e o samba caiam como uma luva nesse projeto.

Emblemático desse processo que envolve o futebol e o samba é acompanhar a curiosa relação entre as trajetórias de Noel Rosa e Leônidas da Silva: o Poeta da Vila e o Diamante Negro.

Noel Rosa nasceu em 1910 e cresceu como um menino branco de Vila Isabel, bairro carioca de classe média. Chegou a estudar no Colégio São Bento, um dos mais tradicionais do Rio de Janeiro. Noel cursou medicina durante um ano e mandou o jaleco branco às favas quando se apaixonou pela música que saía das esquinas, terreiros e botequins do bairro do Estácio de Sá. Era a turma de Ismael Silva, Bide, Brancura, Baiaco, Marçal, Mano Rubem, Edgard, Getúlio Marinho, Tancredo Silva, e outros.

Já Leônidas da Silva, nascido em 1913, foi o menino negro de São Cristóvão, bairro chique nos tempos do Império que perdeu prestígio com a Proclamação da República, adotado pela família da casa em que a mãe trabalhava como empregada doméstica. Ainda garoto, apaixonou-se por um esporte que engatinhava no Brasil: o futebol.

Quando nasceram, seria plausível imaginar um futuro Noel Rosa jogando futebol, quem sabe marcando gols de bicicleta na Copa do Mundo de 1938, e um Leônidas da Silva sambista, quem sabe cantando em forma de crônica musicada "Conversa de Botequim". Ocorreu exatamente o inverso: Noel foi o branco que fez samba — e morreu garoto, em 1937, depois de longo mergulho na boêmia carioca –, e Leônidas foi o preto que jogou bola, fez sucesso e teve vida longeva.

Bastante populares em vida (mais Leônidas que Noel), ambos viveram uma década de 1930 em que a invenção da brasilidade parecia encontrar um terreno fértil na produção de um Brasil mestiço e cordial. Esse Brasil imaginado seria capaz de resolver no campo da cultura os dilemas de uma formação histórica marcada pela violência do colonialismo, expressa na escravidão, na dizimação dos índios, na manutenção de privilégios de uma minoria e na concentração da propriedade.

O fato é que o futebol se espalhou entre nós com notável rapidez e se impôs como um poderoso elemento catalisador das paixões brasileiras. O jogo se consolidou, ao longo do século XX, como o um elemento protagonista na produção da brasilidade (Guedes, 1998).

Nesse sentido, o futebol representou para o imaginário de um Brasil possível, no campo do esporte, algo bastante parecido com aquilo que uma irmã do samba, a umbanda, representou no terreno dos ritos religiosos. A popularização e o abrasileiramento do esporte inglês e a formação da umbanda ocorrem no mesmo contexto: o das primeiras décadas do século XX. É irresistível sugerir que o futebol e a umbanda se encontram na encruzilhada em que o povo brasileiro, nas frestas de um sistema excludente, se apropriou do jogo britânico e do kardecismo francês para construir seus modos próprios de jogar bola e conversar com os mortos.

A versão mais famosa para a criação da umbanda do Rio de Janeiro — uma espécie de mito de origem que não exclui os sentidos de diversos outros — remete-se ao dia em que no distrito de Neves, na cidade de São Gonçalo, o jovem Zélio Fernandino de Moraes sofreu uma paralisia inexplicável. Depois de certo tempo sem andar, Zélio teria se levantado e anunciado a própria cura. No dia seguinte, saiu andando como se nada tivesse acontecido. A mãe de Zélio, Leonor de Moraes, tomou um baita susto e levou o filho a uma rezadeira chamada Dona Cândida, conhecida na região, que incorporava o espírito do preto velho Tio Antônio.

Tio Antônio baixou em Dona Cândida e disse que Zélio era médium e deveria trabalhar com a caridade. No dia 15 de novembro de 1908, por sugestão de um amigo do pai, Zélio foi levado à Federação Espírita de Niterói, difusora do kardecismo francês no Brasil.

Chegando lá o rapaz e o pai sentaram-se à mesa. Subvertendo as normas do culto kardecista, Zélio levantou-se subitamente e disse que ali faltava uma flor, deixando a turma do centro espírita sem reação. Foi até o jardim, apanhou uma rosa branca e colocou-a, com um copo d'água, no centro da mesa de trabalho.

Ainda segundo a versão mais famosa para o acontecido, Zélio incorporou um espírito que batia no peito e dava flechadas imaginárias. Simultaneamente diversos médiuns presentes receberam caboclos, índios e pretos velhos. Instaurou-se, na visão dos membros da Federação Espírita, um furdunço inadmissível. Advertido pelo dirigente da Federação Espírita, o espírito incorporado em Zélio perguntou qual era a razão para os kardecistas evitarem a presença dos pretos e caboclos do Brasil, sem sequer se dignavam a ouvir as suas mensagens.

Um membro da Federação argumentou com o espírito que Zélio recebia, que pretos velhos, índios e caboclos eram culturalmente atrasados, não podendo ser espíritos de luz. Ainda perguntou o nome da entidade. O espírito encarnado em Zélio respondeu que daria início a um culto em que os pretos, índios e caboclos do Brasil poderiam difundir as suas mensagens e cumprir missões espirituais. Disse ainda que era o Caboclo das Sete Encruzilhadas, aquele capaz de percorrer todos os caminhos.

À época, a anunciação repercutiu mais nos meios espíritas. Aos poucos, a umbanda foi crescendo e se consolidando. Na década de 1930, era uma força no Rio de Janeiro que não parava de crescer, cruzada a diversos ritos de ancestralidade que formariam o omolokô, o culto afroameríndio codificado por Tancredo da Silva Pinto, o Tata Tancredo, bamba do Estácio de Sá e pai de santo.

Em 1965, 47 anos depois de o Caboclo das Sete Encruzilhadas baixar para subverter uma sessão espírita de mesa, ocorreu o evento "Macumba no IV Centenário", uma gira de umbanda que fazia parte da programação oficial de comemoração dos 400 anos da cidade do Rio de Janeiro.

A gira, aberta com discurso do governador Carlos Lacerda, aconteceu no meio do gramado do Maracanã. Falarei dela mais adiante.

Estudiosos da história da umbanda, ao destrinchar o mito de origem centrado na figura de Zélio, destacam que o buraco é mais embaixo e vai além da anunciação do Caboclo das Sete Encruzilhadas, talvez o seu mais famoso codificador. A umbanda é filha da amálgama entre ritos de ancestralidade dos bantos, calundus, pajelanças indígenas, catimbós (o culto de origem tapuia fundamentado na bebida sagrada da Jurema), encantarias, elementos do cristianismo popular, do candomblé nagô, e do espiritismo kardecista europeu. Há quem ache que a umbanda representou uma cristianização dos ritos africanos e há quem ache que ela africanizou o cristianismo e se definiu como uma religião tipicamente brasileira. As duas hipóteses não se excluem.

No mito da anunciação, o Caboclo das Sete Encruzilhadas estava insatisfeito porque o centro espírita não permitia a chegada dos espíritos de índios, caboclos e pretos velhos; preferindo apenas dar passagem aos espíritos já vistos como desenvolvidos ou em processo de desenvolvimento e doutrinação. Na religião que o Caboclo das Sete Encruzilhadas anunciou, os espíritos daqueles que formaram o Brasil aos trancos e barrancos seriam bem chegados para dar passes, consultas, curar, dançar etc.

O futebol brasileiro popularizado está para o futebol inglês como certa umbanda para o kardecismo e o cristianismo institucionalizado. O futebol praticado aqui começa a ser visto como um jogo inglês subvertido, reinventado e encantado pelos modos brasileiros de se jogar bola. O gramado/terreiro em que só dançavam na gira do jogo os jovens das elites e os trabalhadores europeus residentes no Brasil começa também a ser ocupado pelos descendentes de escravizados e de índios, pelos subalternizados no violento processo de formação do país e por quem mais resolvesse baixar na gira.

Quando o Brasil ganhou a Copa do Mundo de 1958, o Rei da Suécia cumprimentou todos os jogadores brasileiros. Dentre eles Pelé, um descendente de bantos escravizados, e Mané Garrincha, um índio Fulni-ô. O gramado, afinal de contas, é uma das sete encruzilhadas percorridas pelo caboclo macumbeiro; aquele que nunca encontra caminhos fechados.

.4.

ESCOLAS DE SAMBA

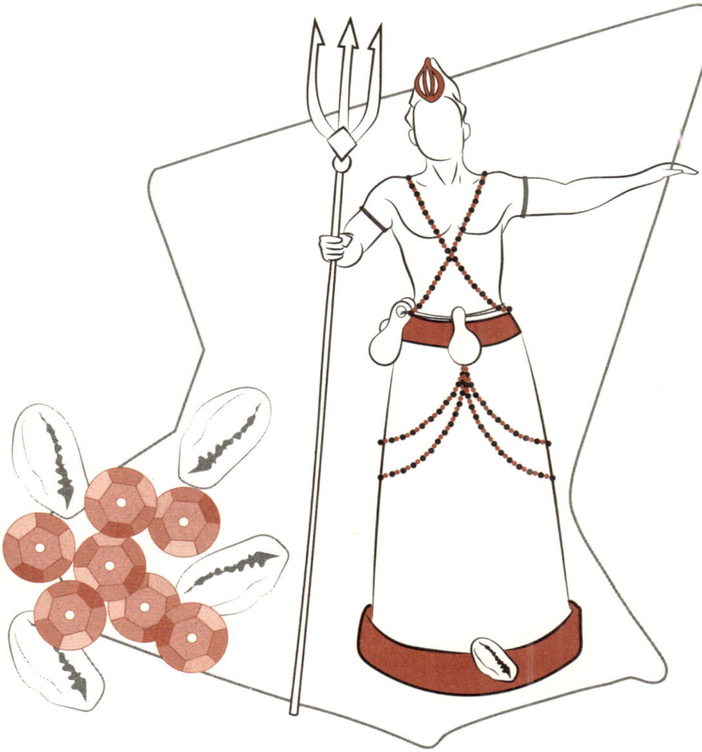

O carnaval de sociabilidades negras

A FORMAÇÃO DAS ESCOLAS DE SAMBA do Rio de Janeiro começou a ocorrer nas primeiras décadas do século XX, a partir do protagonismo das negras e negros da cidade e do papel que exerciam em suas comunidades. Naquele contexto, que podemos definir como o do pós-abolição da escravatura, os descendentes de escravizados construíram incessantemente sociabilidades, articularam formas de sobrevivências, criaram laços identitários e formaram redes de proteção social duradouras. As agremiações carnavalescas estão inseridas neste processo.

Nesse sentido, é importante constatar que o carnaval é uma festa de origem europeia que, com o passar dos anos e com as transformações protagonizadas pelo povo, transformou-se no Brasil numa expressão viva, questionadora, de alegria e de luta. Assim como os rumos da história do país, o nosso carnaval é resultado de uma permanente disputa, cabendo ao povo a constante reinvenção da festa em sentidos e direções múltiplas. Distante do país excludente e desigual, é um país diverso, transgressor, inventor, contestador e plural que se manifesta nos dias de folia.

A festa trazida pelo colonizador vai adquirindo características populares, sobretudo pelos cruzamentos entre a herança do carnaval português e as diversas africanidades, musicalidades, espiritualidades e percepções de mundo que logo se impõem no processo de formação da cultura do samba.

Ao se africanizar, o carnaval vai, consequentemente, se abrasileirando. Tudo isso não se estabelece de forma consensual, mas a partir de uma disputa ferrenha. Num certo momento, sobretudo no pós-abolição, de um lado tínhamos uma elite que queria defender um modelo de carnaval excludente, de salão e de padrões europeus. Do outro lado, estava o povo que queria construir um modelo de carnaval ligado à sociabilidade das ruas.

Nesse contexto, surgem as escolas de samba. Do ponto de vista das características mais gerais, as escolas de samba englobam variadas referências: a tradição festiva de múltiplos cortejos processionais da cultura popular, a referência dos ranchos carnavalescos (agremiações que desfilavam com enredos representados por fantasias e alegorias) e as inovações coreográficas e musicais do samba, ritmo oriundo de matrizes sonoras centro-africanas redefinidas no Brasil no período citado.

Os primeiros concursos das escolas de samba, no final da década de 1920, ainda não se baseavam na exibição dramática dos desfiles em cortejo; eles se limitavam à parte musical, com as agremiações existentes cantando e batucando os sambas compostos por seus compositores. Foi assim que aconteceram as duas disputas pioneiras — em 1928 e em 1929 — organizadas pelo jornalista, sambista e sacerdote do culto afro-brasileiro José Espinhela.

A partir do início da década de 1930, as disputas começaram a unir a trilha sonora — o samba urbano carioca — à apresentação de cortejos dramáticos expressos em enredos, fantasias e elementos alegóricos. Desde então, os desfiles das escolas de samba se afirmam como o maior complexo de exibições artísticas simultâneas do mundo contemporâneo.

O primeiro desfile em cortejo das agremiações ocorreu em 1932 e foi promovido pelo jornal *O Mundo Esportivo*, pertencente ao jornalista Mário Filho. Na ocasião, diversas escolas de samba se apresentaram para o público e o corpo de jurados na antiga Praça Onze de Junho, no Centro do Rio de Janeiro.

Ao longo dos anos, os enredos das escolas de samba apresentaram temáticas bastante variadas. Pelas avenidas foram representados episódios da História do Brasil, homenagens a seus personagens emblemáticos, manifestações diversas da cultura popular, relatos exemplares das mitologias indígenas e africanas, religiosidades afro-brasileiras, a exuberância da natureza do Brasil etc.

A partir da década de 1960, os desfiles das escolas de samba ganharam destaque cada vez maior, se transformando na mais pujante manifestação de exuberância artística do Rio de Janeiro. Na ocasião, a chegada do cenógrafo e professor Fernando Pamplona ao Acadêmicos do Salgueiro redimensionou o papel dos carnavalescos; artistas plásticos responsáveis pelos enredos e pelo aparato visual dos desfiles. De lá pra cá, nomes como os de Joãozinho Trinta, Arlindo Rodrigues, Júlio Matos, Maria Augusta, Rosa Magalhães, Fernando Pinto, Luiz Fernando Reis, Renato Laje, Leandro Vieira, Leonardo Bora, Gabriel Haddad, e tantos outros, se consolidaram como criadores exuberantes da grande festa brasileira. É importante mencionar também o notável trabalho de diversos profissionais que, em virtude de um árduo e cotidiano esforço que dura alguns meses por ano, viabilizam as propostas dos carnavalescos: pintores, escultores, desenhistas, ferreiros, bordadeiras, artesãos, costureiras, iluminadores, eletricistas, aderecistas e músicos.

Ao mesmo tempo, as características negras mais evidentes que marcam as origens das agremiações pareceram se diluir ao longo do tempo, diante de certa hegemonia de quesitos visuais e de uma espetacularização dos cortejos que, ao tornar os desfiles mais palatáveis a uma classe média branca que se aproximava das escolas e articulados a uma economia do carnaval ligada ao turismo, gerou um esgarçamento das africanidades que estão na raiz do processo de constituição das escolas de samba como entidades da cultura carioca.

Nos anos mais recentes, a maré parece estar mudando novamente e um fato tem chamado a atenção dos sambistas, entusiastas do carnaval e estudiosos dos desfiles: os enredos têm mergulhado cada vez mais nas referências das culturas afro-brasileiras. Além disso, as escolas de samba têm ajudado a recontar a História do Brasil a partir de perspectivas inovadoras, plurais, que rompem com certas visões oficiais bastante limitadas e elitistas da formação do povo brasileiro.

Das doze agremiações que desfilaram no grupo especial do carnaval carioca em 2022, a retomada depois da pandemia de Covid-19, oito dedicaram seus enredos a temáticas afro-brasileiras, homenageando personagens marcantes da cultura negra do Brasil, valorizando a produção intelectual de africanos e seus descendentes ou abordando a riquíssima cultura dos terreiros de candomblés e umbandas. São elas a Mangueira, o Salgueiro, a Portela, a Unidos de Vila Isabel, o Paraíso do Tuiuti, a Mocidade Independente de Padre Miguel, a Acadêmicos do Grande Rio e a Beija-Flor. A Unidos da Tijuca, por sua vez, dedicou o desfile à cultura indígena. Apenas a Unidos do Viradouro, a Imperatriz Leopoldinense e a São Clemente optaram por linhas narrativas com outras perspectivas.

Vale recordar, ainda, das dificuldades que cercaram a realização dos desfiles de 2022. A pandemia atingiu fortemente as comunidades das escolas de samba, fechou quadras, paralisou o trabalho dos barracões e ateliês e culminou com o cancelamento dos desfiles de 2021, fato inédito na história do carnaval. Inúmeros sambistas e baluartes do samba carioca foram vitimados pela doença e havia mesmo o temor de que algumas escolas de samba "enrolassem a bandeira" diante das circunstâncias (a expressão é utilizada no meio do samba para falar de agremiações que cessam as suas atividades e não desfilam mais).

Com as quadras fechadas, a escassez de recursos e os impactos diversos que a pandemia trouxe, podemos dizer que as escolas de samba realizaram verdadeiros milagres para continuar vivas, com o apoio da prefeitura do Rio de Janeiro, ciente da relevância que as escolas têm para a nossa cultura. Os desfiles de 2022 também não puderam ser realizados na data do carnaval, ocorrendo apenas no final do mês de abril.

A despeito das dificuldades advindas do período turbulento, as escolas de samba conseguiram apresentar, mais uma vez, espetáculos artísticos da mais alta qualidade e inventividade, driblando a escassez, celebrando a vida e louvando a memória dos que se foram.

É significativo que a campeã dos desfiles daquele ano, a Acadêmicos do Grande Rio, tenha louvado em seu enredo vencedor o orixá Exu, divindade dos cultos afro-brasileiros que propicia o movimento, estimula a comunicação entre os seres e tem o poder de transformar as mazelas da vida em beleza, alegria e arte. É exatamente isso, no fim das contas, o que as escolas de samba fazem ao longo de quase um século de grandes histórias e de protagonismo negro na mais sofisticada criação artística brasileira.

Recentemente, o carnaval de 2025 foi marcado por uma polêmica que envolveu uma declaração do carnavalesco Paulo Barros. O artista, trabalhando na elaboração do desfile da Unidos de Vila Isabel, reclamou de um excesso de enredos afros e foi questionado a partir de dois pressupostos: as escolas de samba são instituições entranhadas nas culturas afro-brasileiras e as culturas africanas e afro-diaspóricas apresentam uma enorme variedade de temas; coisa que torna, no mínimo, questionável a ideia de que temáticas afro são iguais.

Para concluir, vale reafirmar que quando uma escola de samba cruza a pista dos desfiles, afirma-se a percepção de que a festa não é um componente dissociado da luta. O carnaval fundamenta a possibilidade de se fazer política com poética e poética com a política, em uma celebração dinâmica conectada com o que está acontecendo hoje e que, por isso mesmo, é ancestral.

A sabedoria ancestral, para as culturas afro-diaspóricas, atravessa o tempo e sempre será contemporânea; interagirá com o presente. A força do carnaval das escolas de samba está exatamente na capacidade de conciliar o novo e o tradicional, reconhecendo e fortalecendo novas demandas, protagonismos e dilemas. A luta e a festa, afinal, são irmãs nessa grande aventura de arte, liberdade e beleza.

O desafio está lançado.

.5.
BOTEQUIM

De Di Cavalcanti à Ágora Carioca

O PINTOR EMILIANO DI CAVALCANTI se inspirou em cenas de botequins para pintar diversas de suas telas. Homens, mulheres, trabalhadores urbanos, prostitutas, foliões, aparecem nos botequins que Di retratou como cenário carioca. Tabelo com o mestre e digo que não se conta a história do Rio de Janeiro sem a saga dos seus botequins e a importância que eles têm como espaços de sociabilidades. Tire da cidade o impacto civilizatório dos seus bares e teremos um Garrincha sem a bola.

Aprendi com os mais velhos que um botequim é feito de memórias, aspirações, anseios, sonhos, desilusões, conquistas, fracassos retumbantes, alegrias e invenções da vida daqueles que passaram por suas mesas e balcões. Um lugar é também o resultado das experiências intangíveis, matéria da memória acumulada, e vai muito além da fachada, dos alicerces e dos salamaleques da decoração. Acontece que a fúria do contemporâneo, afeita aos grandes negócios, esmaga o intangível, vê a tradição apenas como simulacro e despreza o que não é mensurado pelas expectativas do mercado.

Os sabichões que manjam de etimologia, como Houaiss e Villar, garantem que a origem remota da palavra botequim é o termo grego "*apothéké*" (depósito); que originou também botica, biblioteca e bodega. Está aí resumida a definição de um bom botequim: um centro de manutenção e circulação do saber, como as bibliotecas; um lugar onde se preparam medicamentos para o corpo e a alma, como as boticas (e *apotheké* é farmácia em alemão) e uma taberna onde se come e se bebe com simplicidade, sabor e sustância, como as velhas bodegas. Só isso já dá um tratado sobre a cidade de proporções substanciais. É bem possível, inclusive, que botequim seja uma variação de botiquinha, pequena botica portuguesa. Outros sugerem que o termo deriva do italiano *botteghino*, diminutivo de *bothega:* lojinha.

Em "*ngúni*", idioma do grupo linguístico zulu falado em alguns lugares do sul da África, não há palavra que designe parentesco a partir do sangue. A expressão que define a relação de parentesco é "ubudlelane": os que comem juntos. É na mesa, no balcão, no compartilhamento da comida, na união pela celebração da festa, que a ideia de parentesco se estabelece. Os botequins mais vagabundos são como lares propiciadores de relações familiares, entre ampolas geladas, mandurebas e petiscos dinamizadores da celebração gordurosa da vida em comunidade. Sim, é possível que eu apenas esteja buscando uma justificativa para ficar mais tempo no balcão. O que tenho de parente não está no gibi.

Escrevo tudo isso longe de entusiasmos. Vivemos tempos de uniformização dos costumes, fruto do tal de mundo globalizado. Em cada canto desse mundaréu, ligado por redes transnacionais de telecomunicações, as pessoas assistem aos mesmos filmes, vestem as mesmas roupas, ouvem as mesmas músicas, cultuam os mesmos ídolos e se comunicam em um número limitado de toques virtuais. Nessa espécie de culto profano, em que a vida cotidiana é regida pelos rituais em louvor ao mercado que não é o de Madureira, o bicho pega e as ideias morrem, como outro dia morreu de morte matada o acento em ideia, sem choro nem vela e sem a dignidade de um samba de Noel Rosa.

Ao trabalhar na educação com adolescentes e adultos jovens, percebo que as crenças e projeções de futuro da moçada foram substituídas pelo pânico cotidiano — do assalto e das doenças, no âmbito pessoal, às catástrofes ambientais, na esfera coletiva. Cria-se uma lógica perversa: como posso morrer de bala perdida, pegar gripe suína ou sucumbir ao aquecimento global, preciso viver intensamente o dia de hoje. Ocorre que essa valorização extremada do tempo presente é acompanhada pela morte das utopias coletivas de projeção do futuro. Não há mais futuro a ser planejado. Somos guiados pelos ritos do mercado e abandonamos o mundo do pensamento, onde se projetam perspectivas e são moldadas as diferenças. Restam hoje, nesse desalento, duas tristes utopias individuais, em meio ao aparente fracasso dos sonhos coletivos — a de que seremos capazes de consumir o produto tal, cheio de salamaleques, e a de que poderemos ter o corpo perfeito.

Transformam-se, nesses tempos depressivos, os *shoppings-centers* nos espaços de exercício dessas utopias tortas, onde podemos comprar produtos e moldar o corpo aos padrões da cultura contemporânea — o corpo-máquina dos atletas de alta performance ou o corpo esquálido que veste a moda.

É a procura da felicidade que não tem, como na esquecida e sábia canção natalina. E tome caixinhas de remédios no sapatinho da janela. É aí que localizo, na minha cidade de São Sebastião do Rio de Janeiro, um espaço de resistência a esses padrões uniformes do mundo global: o botequim. Ele, o velho boteco, o pé sujo, é a ágora carioca. O botequim é — ou deveria ser — o país onde não há grifes, não há o corpo-máquina, o corpo em si mesmo, a vitrine, o mercado pairando como um deus a exigir que se cumpram seus rituais.

O boteco é também a casa do mau gosto, do disforme, do arroto, da barriga indecente, da grosseria, do afeto, da gentileza, da proximidade, do debate, da exposição das fraquezas, da dor de corno, da festa do novo amor, da comemoração do gol, do exercício, enfim, de uma forma de cidadania muito peculiar. É a República de fato das pessoas comuns.

A luta pelo boteco é a possibilidade de manter viva a crença na praça popular, espaço de geração de ideias e utopias — fundadas na sabedoria dos que têm pouco e precisam inventar a vida — que possam nos regenerar da falência de uma (des) humanidade que se limita a sonhar com o tênis novo e o corpo moldado, não como conquista da saúde, mas como simples egolatria incrementada com bombas e anabolizantes cavalares. O botequim é, portanto, o anti-shopping-center, a recusa mais veemente ao corpo irreal dos atletas olímpicos ou ao corpo pau de virar tripa, sintomas da doença comum desse mundo desencantado: metáforas da morte.

Ali, no velho boteco, entre garrafas vazias, chinelos de dedo, copos americanos, pratos feitos e petiscos gordurosos, no mar de barrigas indecentes, onde São Jorge é o protetor e o mercado é só a feira da esquina, a vida resiste aos desmandos da uniformização e o ser humano é restituído ao que há de mais valente e na sua trajetória –a capacidade de sonhar seus delírios, festejar e afogar suas dores nas ampolas geladas feito cu de foca. É onde a alma da cidade grita a permanência.

Esse combate, amigos, é muito mais significativo do que imaginam os arautos modernosos e seus programadores visuais. Botequim, afinal de contas, tem alma, é entidade, terreiro carioca, feito os trapiches e sobrados do cais do porto em noite de lua cheia.

.6.
SAMBA

Entre Áfricas e o Brasil, o corpo como terreiro

O SAMBA É UM SISTEMA DE ORGANIZAÇÃO do mundo fundamentado nas culturas da diáspora africana redefinidas no Brasil. A diáspora de mais de quatro milhões de africanos que cruzaram o Atlântico nos porões dos navios negreiros, é uma tragédia que ainda deixa marcas profundas na história brasileira. Nenhum país do mundo recebeu número maior de africanos escravizados do que o Brasil, nos mais de trezentos anos de em que a mão de obra vinda do outro lado do oceano sustentou a economia mercantil da Colônia e do Império.

Diásporas são capazes de destruir laços comunitários, fragmentar identidades, quebrar elos de pertencimento, desvincular suas vítimas da relação com a ancestralidade, aniquilar a autoestima de grupos inteiros, promover a morte física de um povo, a morte de uma cultura, a morte de saberes e o aniquilamento dos sentidos e linguagens que constituem o ser.

Se toda diáspora é um crime que dispersa sentidos de organização do mundo, toda cultura de diáspora acaba sendo um empreendimento inventivo de aglutinação e reconstrução, em outros territórios, de tudo aquilo que foi destroçado: os laços comunitários, as redes de sociabilidade, as relações de pertencimento, as identidades, os modos de ser e estar no mundo. As culturas de diáspora, por isso, são profundamente inventivas e comunitárias (Gilroy, 2001). É o caso das culturas dos povos africanos trazidos para o Brasil.

O antropólogo e babalaô francês Pierre Verger afirmava que as relações entre os dois lados do Atlântico eram de fluxo e refluxo. Há uma África que vem para o Brasil e há um Brasil que retorna às praias africanas. O Atlântico é uma encruzilhada cerzida de dor, espanto, horror e beleza, em que dois mundos se encontram, se misturam, interagem, compartilham a tragédia, mas também culturas: danças, cantos, contos, sentidos, sabores, festas, ritos de celebração do mistério.

No balaio de fluxos e refluxos, entre rasuras, rupturas, cerzimentos, apropriações, redefinições, relações tensas e intensas, nasce o samba brasileiro, como experiência inventiva de sobrevivência física, reconstituição de culturas, saberes, tecnologias, sentidos e linguagens que formam o ser.

O SAMBA COMO CULTURA, O CORPO COMO TERREIRO

Mais do que gênero musical ou bailado coreográfico, o samba é elemento de referência de um complexo cultural que dele sai e a ele retorna. No samba vivem saberes que circulam: formas de apropriação do mundo, construção de identidades comunitárias, hábitos cotidianos, jeitos de comer, beber, vestir, enterrar os mortos, celebrar os deuses, louvar os ancestrais etc.

Corrente na língua portuguesa desde, pelo menos, o século XIX, o vocábulo "samba" foi primeiro definido, em 1888, como 'uma dança popular; sinônimo de chiba, cateretê, baiano, fandango, candomblé, etc.'; em 1889 como "espécie de bailado popular" (Beaurepaire-Rohan, 1956) ou simplesmente como "um bailado popular; uma dança de negros", em 1899 (Figueiredo C., 1925). Na década de 1940, Mário de Andrade ampliava conceituação para mostrar que o termo se aplicava, além da dança de roda, a qualquer bailado popular e a uma "dança de salão, aos pares, com acompanhamento de canto, em compasso 2/4 e ritmo sincopado" (Dicionário musical brasileiro, 1989, p. 453).

No Brasil colonial e imperial, as várias danças de origem africana, nas quais a umbigada era a principal característica, foram referidas como "batuque" ou "samba", vocábulo de origem certamente banto-africana. Cito aqui parte do verbete do Dicionário da História Social do Samba, que escrevi em parceria com o nosso mestre maior. Nei Lopes:

> O léxico da língua cokwe, do povo Quioco, de Angola, registra um verbo samba, com o sentido de "cabriolar, brincar, divertir-se como cabrito" (cf. Barbosa. 1989: 480). No idioma quicongo, palavra de grafia semelhante, sàmba, designa uma espécie de dança em que um dançarino bate contra o peito de outro. Segundo as primeiras hipóteses, o étimo do termo samba seria o verbo quimbundo — semba, na acepção de "rejeitar", "separar", em referência ao movimento físico produzido na umbigada, que é a característica principal das danças dos povos bantos, na África e nas Américas.

Ainda que seja impossível cravar uma etimologia precisa para o "samba", percebemos que todas as hipóteses aventadas dialogam com a ideia de que o samba é ligado à corporeidade. Samba fala de ritmo, coreografia, umbigada, protagonismo do corpo que transita da condição subalterna para a condição soberana; do desencanto do corpo cativo para o trabalho para o encanto do corpo que se percebe como o primeiro terreiro do mundo.

O SAMBA URBANO CARIOCA E AS ESCOLAS DE SAMBA

As escolas de samba do Rio de Janeiro se formam, entre o final da década de 1920 e os primeiros anos da década de 1930, a partir de um universo que engloba várias referências: a herança festiva dos cortejos processionais — como as procissões da Senhora do Rosário, os ternos de Santos Reis e os afoxés vinculados aos terreiros de candomblé –, o baticum das macumbas e sambas cariocas e a tradição carnavalesca dos ranchos, blocos de sujo e cordões.

Em seus primórdios, as escolas de samba apresentam três aspectos intermediários entre a disciplina dos ranchos e a zorra dos blocos de sujo: a dança espontânea, que substitui a rígida coreografia dos ranchos; o canto das baianas — no lugar do coro das pastoras — e a harmonia e a cadência do samba urbano carioca; aquele que se codifica a partir de uma geração de sambistas do bairro do Estácio de Sá, fundamenta-se em uma síncope distinta do samba de roda baiano, chega aos rádios e discos na década de 1930 e tem como criadouro principal os terreiros das nascentes escolas de samba.

Ainda que surjam em uma encruzilhada de várias referências, a origem das escolas de samba é indissociável dos terreiros de candomblé e omolokô, linha de umbanda conhecida popularmente como macumba carioca. Terreiros e agremiações são instâncias de integração comunitária, fundamentadas na noção de pertencimento ao grupo e em rituais ancorados nos princípios da tradição, da hierarquia e da etiqueta (um conjunto de procedimentos normativos típicos de sociedades de corte — como eram, aliás, as sociedades africanas desarticuladas pela diáspora).

A ancestralidade africana do samba e dos candomblés e todas as implicações dos quatro séculos de escravidão no Brasil fizeram das agremiações, como os terreiros, templos de afirmação e invenção de identidade. Colocaram no centro da cena, como protagonistas, populações subalternizadas que, pela cultura, assumiram o protagonismo de suas próprias vidas.

A ligação íntima entre a religiosidade e o samba aparece com frequência quando estudamos o nascimento das escolas. Pais e mães de santo participaram, constantemente, dos núcleos originais das agremiações e, não raro, funcionaram como verdadeiros esteios desse processo.

O samba é uma entidade que mora na encruzilhada em que o sagrado é profanado e o profano é sacralizado o tempo inteiro, pressupõe vasta experiência de sentidos (visões, cheiros, temperos, sonoridades, tatos...), louva os ancestrais enquanto pensa o presente e aponta para o que virá a partir da herança dos que se foram.

As culturas encantadas são, sobretudo, afirmativas da vida. Por isso celebram a morte. Para alguns pode parecer um paradoxo, mas elas só são dinâmicas porque são tradicionais. É como a vida, que só é possível em virtude da possibilidade criadora alimentada pelo papel da morte; signo vigoroso de renovação ancestral continuamente celebrada. Aqueles que viveram sob as asas do samba e se foram, permanecem exatamente por terem ido, em cada roda.

.7. JOGO DO BICHO

A criação da loteria

O ANO DE 1892 — o terceiro da República no Brasil — começou com uma péssima notícia para parte da população do Rio de Janeiro chegada em uma fuzarca: o Ministério do Interior do governo do presidente Floriano Peixoto resolveu adiar o carnaval. A festa que ocorreria em fevereiro foi transferida para junho, com o argumento de que a insalubridade da capital da República inviabilizaria os festejos carnavalescos. Segundo os defensores da medida, o calor do verão facilitaria a propagação de epidemias e a aglomeração gerada seria devastadora para a saúde pública.

O Rio de Janeiro, não custa lembrar, tinha a fama de ser uma das cidades mais perigosas do mundo, a ponto de o corpo diplomático bater em retirada no verão para Petrópolis, tentando escapar de doenças como a varíola, a febre amarela, a malária e a tuberculose. O Reino Unido pagava adicional de insalubridade aos representantes diplomáticos da Rainha Vitória que se aventuravam na capital da República (Carvalho, 1987, p. 19).

A iniciativa do governo quanto ao adiamento do carnaval fracassou. Os foliões não se fizeram de rogados: brincaram em junho, no carnaval autorizado, mas tomaram as ruas também em fevereiro, saindo no cacete com a polícia, disposta a reprimir a festança. As fantasias de morte, caixão de defunto e mosquito transmissor da febre amarela fizeram sucesso. O governo, temendo que a moda de dois carnavais pegasse, voltou atrás na ideia da alteração da data. O carnaval do ano seguinte aconteceu em fevereiro mesmo, dentro dos conformes (Simas, 2019, p. 121).

Naquele momento, a ideia de que o Brasil republicano precisava apresentar-se ao mundo como uma nação com padrões civilizatórios europeus, impactava o Rio de Janeiro de maneira intensa: a capital da República teria que ser uma espécie de vitrine de um país comprometido com a ordem, o progresso, a moral, a ciência e a higiene; palavras largamente utilizadas no período.

Ancorados na ideia exposta acima, os mandachuvas da república projetaram a reorganização do espaço urbano carioca buscando espelhar na cidade a inserção do Brasil no modelo capitalista internacional. Nesse sentido, era importante facilitar a circulação de mercadorias, apagar os resquícios da monarquia (a ordem anterior) e construir espaços simbólicos que afirmassem os valores de uma elite cosmopolita.

Havia, porém, um obstáculo a ser removido para a concretização desse projeto de cidade: os pobres que perambulavam pelas ruas centrais e moravam em habitações coletivas, como os cortiços lotados de descendentes de escravizados, mestiços, ciganos, judeus, árabes, imigrantes portugueses, italianos e galegos.

Naquele contexto, a cidade passou por um notável crescimento de sua população. Se no censo de 1890, o Rio tinha cerca de 520 mil habitantes, esse número salta para cerca de 700 mil em 1904 — com a chegada de trabalhadores negros das áreas decadentes de lavoura do Vale do Paraíba, do interior de Minas Gerais e da Bahia, de migrantes vindos de outras regiões do país e de imigrantes europeus escapando do desemprego e das guerras de unificação no continente (Carvalho, 1987, p. 17).

A legislação de terras do período — oriunda dos tempos do Império — inviabilizava o acesso à propriedade aos negros e imigrantes pobres. O crescimento populacional ocorre em uma cidade sem planejamento urbano, estrutura sanitária e rede formal de trabalho capaz de absorver o contingente de recém-chegados. Em meio a esse turbilhão, a elite republicana imaginava erguer uma Paris tropical dos sonhos higienistas.

Para que esse paraíso cosmopolita fosse viável, era necessário para os donos do poder reprimir, controlar, vigiar, disciplinar, impor padrões e regras à população. Ao mesmo tempo em que o projeto de uma cidade europeia se desenhava, as elites do Rio de Janeiro não podiam renunciar aos trabalhadores urbanos realizadores das tarefas cotidianas. Eram eles que mantinham a cidade funcionando para que essas mesmas elites delirassem com Paris. Sem os pobres e descendentes de escravizados, quem seriam os feirantes, peixeiros, soldados, trabalhadoras domésticas, coveiros, condutores de bondes, caçadores de ratos, desentupidores de bueiros, limpadores de cocô de cavalo, quebradores de pedras, vendedores ambulantes de todos os tipos de produtos? Quem serviria o café da manhã das madames?

Meses depois da citada tentativa de cancelamento do carnaval, o prefeito Barata Ribeiro baixou um decreto que dava à prefeitura o direito de usar todos os meios possíveis para varrer os cortiços da cidade. No mesmo dia em que o decreto foi assinado (26 de janeiro de 1893) começou a demolição do Cabeça de Porco, maior cortiço carioca, invadido por bombeiros, funcionários da Higiene Pública, policiais, sanitaristas e engenheiros. Os jornais da época comemoraram a derrubada do cortiço, considerado um valhacouto de vícios, pulsões homicidas, desordens, desregramentos contrários aos princípios da civilização e coisas similares.

Civilizar a capital da República — nessa perspectiva — exigiria ainda o apagamento ou o enquadramento disciplinar de referências culturais da herança africana, especialmente aquelas que criavam laços de solidariedade e reforçavam convívios comunitários: rodas de samba, festas religiosas, maltas de capoeiras, blocos de carnaval, batucadas, macumbas. Dois anos antes daquele 1892, foi sancionado o Código Penal que transformou a capoeiragem em crime de vadiagem, enquadrando seus praticantes como vadios sujeitos à detenção de dois a seis meses.

Na cidade tensionada entre o sonho da Paris tropical e a vida pulsante nas esquinas e vielas, um parque de padrão europeu foi reinaugurado com pompa, circunstância e salamaleques (ocorreu uma inauguração anterior, em 1888): o Jardim Zoológico de Vila Isabel, nas bordas da serra do Engenho Novo. O parque era capitaneado por um figurão dos tempos da monarquia que tentava manter o prestígio nos primeiros anos da nova ordem republicana: João Batista Viana Drummond, mais conhecido pelos bajuladores de plantão como o "primeiro e único Barão de Drummond".

Além da bicharada, o zoológico tinha restaurante, hotel, espaço para a prática de esportes, boliche e o escambau. A festa apresentou diversas novidades; dentre elas a apresentação de um novo jogo, de fácil compreensão. A regra era simples: quem adquirisse um bilhete para entrar no parque, receberia um comprovante com a imagem de um animal. Eram vinte e cinco bichos disponíveis, começando com o avestruz e terminando com a vaca. Dos mais domésticos, como o cachorro e o gato, aos mais selvagens, como o leão, o elefante, o tigre e o urso.

No final da tarde, foi aberta a caixa de madeira pendurada em um poste perto da entrada principal, que continha a imagem de um bicho. Os sortudos que possuíam bilhetes com o animal revelado receberam um prêmio vinte vezes maior do que o valor da entrada.

E qual foi primeiro o bicho cuja imagem apareceu na abertura da caixa? Avestruz. Não sabemos se o presidente Floriano Peixoto, presente no zoológico naquele dia, faturou algum dinheiro na brincadeira proposta pelo Barão.

Era o dia 3 de julho de 1892, um domingo nublado no inverno carioca, e a história da cidade do Rio de Janeiro, para o bem e para o mal, não seria mais a mesma.

REFERÊNCIAS

ABREU, Maurício. *Evolução urbana do Rio de Janeiro*. Rio de Janeiro: Prefeitura da Cidade do Rio de Janeiro, 2013.

ANDERSON, Benedict. *Comunidades imaginadas*. Reflexões sobre a origem e difusão do nacionalismo. São Paulo: Companhia das Letras, 2008

ANDRADE, Mário de. *Dicionário musical brasileiro*. Belo Horizonte: Itatiaia; Brasília: MinC; São Paulo: Edusp, 1989.

ARAÚJO, Hiram; JÓRIO, Amauri. *Natal:* o homem de um braço só. Rio de Janeiro: Guavira editores, 1975.

BARBOSA, Adriano. *Dicionário cokwe-português*. Coimbra - Portugal: Universidade de Coimbra, Instituto de Antropologia, 1989.

BAUREPAIRE-ROHAN, Visconde de. *Dicionário de vocábulos brasileiros*. 2. ed. Salvador: Progresso Ed., 1956.

CABRAL, Sérgio. *As escolas de samba do Rio de Janeiro*. Rio de Janeiro: Lumiar, 1976.

CARVALHO, José Murilo de. *Os bestializados*: o Rio de Janeiro e a República que não foi. São Paulo: Companhia das Letras, 1987.

CHALHOUB, Sidney. *Trabalho, lar e botequim:* o cotidiano dos trabalhadores no Rio de Janeiro da Belle Époque. Campinas: Unicamp, 2001.

CHAZKEL, Amy. *Leis da sorte:* o jogo do bicho e a construção da vida pública urbana. Campinas: Unicamp, 2014.

DIAS, Luís Sérgio. *Quem tem medo da capoeira?* Rio de Janeiro: Memória Carioca / Prefeitura da Cidade do Rio de Janeiro, 2001.

FANON, Frantz. *Pele negra, máscaras brancas*. Bahia: Edufba, 2008.

FIGUEIREDO, Cândido de. *Novo dicionário da língua portuguesa*. vol. 2, 4ª ed. Lisboa, Soc. Ed. Arthur Brandão & Cia, 1925

GILROY, Paul. *O Atlântico negro:* Modernidade e dupla consciência. São Paulo: Editora 34, 2001.

HELAL, Ronaldo; SOARES, Antônio Jorge; LOVISOLO, Hugo. *A invenção do país do futebol:* mídia, raça e idolatria. Rio de Janeiro: Mauad, 2001.

LIGIÉRO, Zeca; DANDARA. *Iniciação à Umbanda.* Rio de Janeiro: Pallas, 2018.

LOPES, Nei. *Enciclopédia brasileira da diáspora africana.* São Paulo: Selo Negro, 2011.

LOPES, Nei; SIMAS, Luiz Antonio. *Dicionário da História Social do Samba.* Rio de Janeiro: Civilização Brasileira, 2015.

MAGALHÃES, Felipe. *Ganhou, leva.* O jogo do bicho no Rio de Janeiro (1890-1960). Rio de Janeiro: FGV, 2011.

MÁXIMO, João. *Maracanã, meio século de paixão.* Rio de Janeiro, Editora DBA, 2000.

MÁXIMO, João; DIDIER, Carlos. *Noel Rosa:* uma biografia. Brasília: Linha Gráfica Editora, 1990.

MOURA, Roberto. *Tia Ciata e a Pequena África no Rio de Janeiro.* Rio de Janeiro: Funarte, 1983.

SEVCENKO, Nicolau. *Literatura como missão:* Tensões sociais e criação cultural na Primeira República. São Paulo: Companhia das Letras, 2003.

SIMAS, Luiz Antonio. *O corpo encantado das ruas.* Rio de Janeiro: Civilização Brasileira, 2019.

SIMAS, Luiz Antonio. *Pedrinhas miudinhas:* ensaios sobre ruas, aldeias e terreiros. Rio de Janeiro: Mórula, 2013.

SIMAS, Luiz Antonio. *Tantas páginas belas:* Histórias da Portela. Rio de Janeiro: Verso Brasil, 2012.

SIMAS, Luiz Antonio. *Umbandas:* uma história do Brasil. Rio de Janeiro: Civilização Brasileira, 2022.

SIMAS, Luiz Antonio; FABATO, Fábio. *Pra tudo começar na quinta-feira:* o enredo dos enredos. Rio de Janeiro: Mórula, 2015.

SIMAS, Luiz Antonio; RUFINO, Luiz. *Fogo no mato:* a ciência encantada das macumbas. Rio de Janeiro: Mórula, 2018.

SODRÉ, Muniz. *O terreiro e a cidade:* a forma social negro-brasileira. Petrópolis: Vozes, 1988.

VERGER, Pierre Fatumbi. *Fluxo e refluxo*. Salvador: Editora Corrupio, 1987.

Este livro foi composto em Granz e Noe em 2025, ano em que o a Cidade das Sete Encruzilhadas recebeu o título de Capital Mundial do Livro, concedido pela UNESCO. A impressão ficou a cargo da Rotaplan, em papel pólen bold 90g/m^2 no miolo e cartão supremo 300g/m^2 na capa.

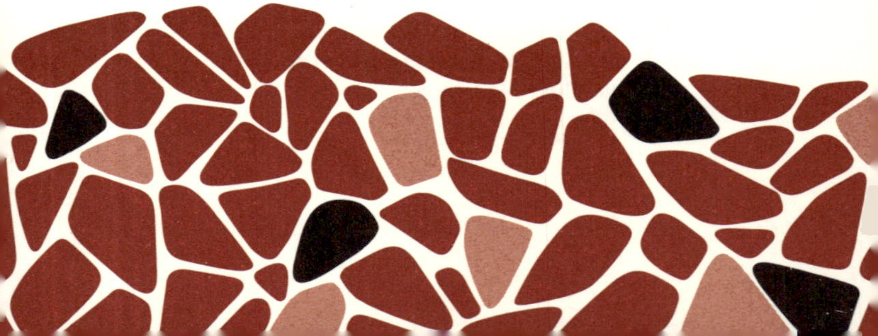